# LES TROQUEURS

## EN UN ACTE,

*Représentés pour la premiere fois sur le Théâtre de la Foire S. Laurent le 30 Juillet 1753.*

La Musique est de Monsieur D'AUVERGNE,
Et les Paroles de Monsieur VADÉ.

Le prix est de 12 sols.

A PARIS,
Chez DUCHESNE, Libraire, rue Saint Jacques au-dessous de la Fontaine Saint Benoît, au Temple du Goût.

M. DCC. LIII.
*Avec Approbation & Privilége du Roi.*

## PERSONNAGES.

**LUBIN**, *Amant de Margot.*

**LUCAS**, *Amant de Fanchon.*

**MARGOT**, *Fiancée avec Lubin.*

**FANCHON**, *Fiancée avec Lucas.*

# LES TROQUEURS
## EN UN ACTE.

---

## SCENE PREMIERE,

### LUBIN seul.

AIR. *Tout cela m'est indifférent.*

Quand sur ses vieux jours un garçon,
Devient le mari d'un tendron,
Un galant rit de sa folie,
Le reste est bientôt projetté ;
Mais qu'un bon vivant se marie
Les rieurs sont de son côté.

# LES TROQUEURS;

*Ariette.*

On ne peut trop tôt
Se mettre en ménage,
J'ai beaucoup d'ouvrage,
Et le mariage
Est mon vrai balot,
Un contrat m'engage,
J'épouse Margot,
Son humeur volage
Est presque le gage
D'un mauvais lot.
Mais contre l'orage
On met en usage
Les moyens qu'il faut.
Une femme est sage
Quand l'homme en un mot
N'est pas un sot.

---

## SCENE II.

### LUBIN, LUCAS.

#### LUBIN.

Nous voilà fiancés par un double contrat,
L'indolente Fanchon va devenir ta femme?

#### LUCAS.

L'égrillarde Margot va te mettre en état
De chanter chaque jour une amoureuse game,

## EN UN ACTE.

Compere es-tu content de ton marché, dis-moi ?

### LUBIN.
Et toi, compere ?

### LUCAS.
Et toi ?

### LUBIN.
Parles-toi.

### LUCAS.
Parles-toi.
Est-tu bien satisfait ?

### LUBIN.
Compere es-tu bien aise ?

### LUCAS *le montrant au doigt.*
Pour Margot tout de feu.

### LUBIN *le montrant à son tour.*
Pour Fanchon tout de braise,
Es-tu bien satisfait ?

### LUCAS.
Compere es-tu bien aise ?

### LUBIN.
Mais dis auparavant.

### LUCAS.
Tu le veux, tiens ma foi
Je ne sçais ; mais Fanchon est lente & paresseuse.

## LUBIN.

*Ariette.*

Margot morbleu
Est par trop joyeuse,
Elle est jaseuse,
　　Gausseuse
　　Pour peu
Qu'on la mette en jeu
　Elle prend feu. *Fin.*
La voilà quinteuse,
　　Grogneuse,
　　Fâcheuse.
Dites-lui
　　Oui,
Elle répond
　　Non.
　　Oui,
　　Non,
　　Non,
　　Oui.
　Un démenti
Vous met en colere,
Prend on le parti
De la faire taire,
Le bruit double encor,
　Jamais d'accord.
　On se désole,
Soufflets vont leur train,
On les rend soudain,
　Et le bonnet vole.
Margot, &c.

## EN UN ACTE.

**LUCAS.**

Le deffaut de Fanchon me fait maigrir la trogne,
Son air froid, engourdi, m'a défolé vingt fois.

**LUBIN.**

Tiens, nous avons été par trop vite en befogne,
Margot te conviens mieux.

**LUCAS.**

C'eſt bien dit, je le crois.

**LUBIN.**

Je m'accommoderois de Fanchon à merveille.

**LUCAS.**

Troquons.

**LUBIN.**

Va.

**LUCAS.**

Tope.

**LUBIN.**

Allons.

*Enſemble.*

Le changement réveille.

# LES TROQUEURS,

*Ensemble.*

Lubin. Troquons, troquons,
Lucas. Changeons compere,
Point de façons,
Foin du Notaire,
Tiens déchirons  *Ils déchirent leurs*
Ce biau chiffon.  *Contrats.*
Troquons, troquons,
Changeons compere,
Rien n'est si bon.

### LUBIN.

Mais de chacun de nous s'avance la future.

### LUCAS.

Faisons les consentir.

### LUBIN.

Va, nous allons conclure.

## SCENE III.
### LUCAS, LUBIN, MARGOT, FANCHON.

LUCAS *prend Margot sous le bras.*

Bon jour Margot.

LUBIN.

Fanchon bon jour.

FANCHON.

Tu te trompes!

LUBIN.

Non ma chere.

MARGOT *à Lucas qui lui baise la main.*

Mais, finis donc.

FANCHON *à Lubin qui lui en fait autant.*

Veux-tu te taire?

*Margot, Fanchon.*

A ton ami peux-tu jouer ce tour?

FANCHON.

Margot va m'en vouloir.

## LES TROQUEURS,

**MARGOT.**
Fanchon sera jalouse.

**LUBIN** *à Fanchon.*
Ecoutes, c'est moi qui t'épouse.

**LUCAS** *à Margot.*
C'est moi qui serai ton mari.

**MARGOT** *lui montrant Lubin.*

*Ariette en quatuor.*
Et non c'est lui.

**LUCAS.**
Et non c'est moi.

**LUBIN** *à Fanchon.*
Nous nous unirons aujourd'hui.

**FANCHON.**
Pas avec toi,
C'est avec lui.

**LUBIN.**
C'est moi qui serai ton mari.

**FANCHON** *montrant Lucas*
C'est lui.

**LUBIN.**
Moi, moi.

## MARGOT.
Lui, lui.

*Quatuor.*
Eh non c'est lui,
Eh non c'est moi.

## MARGOT.

*Ariette.*
D'un amant inconstant
L'amour se vange,
Même à l'instant
Que son cœur change,
Il n'est pas content ;
C'est où ce Dieu l'attend.
Des feux d'un volage
On est peu flatté,
Le plus doux langage
Est toujours rejetté
Quand il est l'hommage
De la légéreté.
Sans allarmer Flore,
Le badin Zéphir
Vole avec plaisir
Sur les fleurs qu'elle fait éclore.
Un tendre soupir
Bientôt le rappelle,
Il revient près d'elle
Sur l'aile du Desir.
D'un amant, &c.

## LES TROQUEURS;

**FANCHON** *lentement.*

AIR. *Pourvû que Colin ah voyez vous.*

On dit que l'hymen est bien doux,
Pour moi c'est un mistere,
Qu'importe l'un ou l'autre époux ?
Pourvû que l'on soit femme, voyez-vous ;
Le choix ici n'est pas fort nécessaire
Tous deux ne valent guère.

**FANCHON.**

Margot si tu m'en crois nous les laisserons faire.

**Lubin & Lucas.**

Bon, bon Fanchon entend déja raison.

*Pendant ce tems Fanchon & Margot se parlent à l'oreille.*

**MARGOT** *à part.*

Je l'en dégoûterai. *Haut.* Terminons donc l'affaire.

**LUCAS.**

Ah ! quel bonheur ! Margot pense comme Fanchon.

**LUBIN.**

*Ariette en quatuor.*
Changeons ma chere,
Troquons, troquons.

**LUCAS.**

Troquons, troquons,
Changeons ma chere.

Margot. Troquons, troquons.
Fanchon. Changeons compere.

*Tous quatre.*
Troquons, troquons,
Changeons compere.
*Lubin emmene Fanchon.*

---

## SCENE IV.
## MARGOT, LUCAS.
### LUCAS.

Vive, vive Margot, j'aime son caractere.

MARGOT *à part finement.*
Oui, tu vas l'éprouver.

LUCAS.
Que nous serons heureux !

MARGOT *ironiquement.*
Tu me parois charmant.

LUCAS.
Que tu sçais bien me plaire !

MARGOT *se mocquant de lui.*
Je brûle d'être à toi.

LUCAS.
Viens donc combler mes vœux.

## LES TROQUEURS,

### MARGOT.

*Ariette.*

Ah ! qu'il me tarde
De te voir mon époux,
Sur tout prends bien garde
D'être jaloux.
Quand un galant me flatte
Je ne suis pas ingrate,
Si tu raisonnois
Tu verrois
Ce que je ferois.
J'aime la dépense,
Ainsi je pense
Que tu sçauras gagner
Dequoi faire regner
Chez-moi l'abondance,
Les jeux & la danse ;
Car autrement
Je fais ferment
Que le tapage,
L'outrage,
La rage
Feront ravage,
Dans ton ménage.
C'est mon dernier mot !
A ce prix nigaut
Epouse Margot,
Jusqu'au revoir magot,
Magot, magot,
Magot. *Jusques dans les Coulisses.*

## SCENE V.

### LUCAS *seul.*

VA, va, j'époufcrois morbleu plûtôt le diable !
Ah ! Fanchon qu'à préfent tu me parois aimable !

*Ariette.*

Pauvre Lucas
Quelle eſt ta peine ?
Une femme hautaine
Ne te va pas.
Sans ceſſe la gêne,
L'aigreur, l'altercas,
Les cris, le tracas,
Les pleurs, le fracas;
Sept fois la femaine
Joueront une ſcene,
Où tout hors d'haleine
  Tu chanteras
Hélas, hélas, hélas,
Sortons d'embaras.
Fanchon eſt ma reine,
Je cours de ce pas
Reprendre ma chaîne,
Ah ! qu'elle a d'appas.
     *Il ſort.*

## SCENE VI.

### LUBIN *seul.*

J'Ai crû faire un beau coup en changeant de future,
Margot étoit mon fait, peste soit du marché!
Avec Fanchon hélas! il faudra donc conclure?
Qui moi! garder Fanchon, j'en serois bien fâché?

*Ariette.*

Sa nonchalance
Feroit mon tourment;
Une heure elle balance
Pour dire froidement
Oui dà.... vraiment...
Plaît-il.... comment?....
Chaque mot est si lent
Que j'en perds patience.
Ou bien en silence
D'un pas chancelant
 Elle s'avance,
Puis marche en dormant,
Et rit en baillant.
Quelle différence?
De ce temperamment
A la pétulence
De celle que j'attend.

## SCENE VII.

### MARGOT, LUBIN.

#### LUBIN.

Margot ?

#### MARGOT.

Eh bien ?

#### LUBIN.

Rends-toi, j'ai reconnu ma faute.

#### MARGOT.

Tout beau, tu comptes sans ton hôte.

#### LUBIN.

*Ariette.*
Sans rire, comment va le desir conjugal ?

#### MARGOT.

Mal.

#### LUBIN.

Oh, dès ce soir, tu porteras mon nom.

#### MARGOT.

Non.

## LES TROQUEURS,

**LUBIN.**

Va, tu ne penses pas ainsi.

**MARGOT.**

Si.

**LUBIN.**

Méprise-tu mon tendre effort?

**MARGOT.**

Fort.

**LUBIN.**

Tu veux donc causer mon ennui?

**MARGOT.**

Oui.

**LUBIN.**

Fais-moi plûtôt un amoureux defsi.

**MARGOT.**

Fi.

**LUBIN.**

Ta cruauté me désole.

**MARGOT.**

Va, cours, fuis, sors, vole
Sur les pas de Fanchon, je m'en tiens à Lucas.

**LUBIN.**

Reçois mon repentir.

## SCENE VIII.

LUBIN, MARGOT, LUCAS, FANCHON.

LUCAS *à Fanchon.*

*Ariette en quatuor.*

Ne me rebute pas.

FANCHON *montrant Margot.*
Oh, laisse-moi, voilà la tienne.

LUBIN.
Non, c'est la mienne.

MARGOT *montrant Fanchon à Lubin.*
Voilà la tienne.

LUCAS.
Non, c'est la mienne.

MARGOT *se saisissant de Lucas.*
Je prends le mien.

FANCHON *sautant sur Lubin.*
Chacun le sien.

# LES TROQUEURS,

**LUBIN** *à Fanchon qui le tient au colet.*
Le diable t'emporte.

**LUCAS** *tenu par Margot.*
Ah, quel embarras !

*Margot & Fanchon.*
Tu m'épouseras.

**LUBIN.**
Peut-on hélas !
Me punir de la sorte.

**FANCHON.**
Tu m'épouseras.

**LUCAS.**
Le diable t'emporte.

**MARGOT.**
Tu m'épouseras.

**LUBIN** *s'échapant.*
Ah ! Margot.

**LUCAS** *s'échapant.*
Ah ! Fanchon.

*Margot & Fanchon.*
Quel accès te transporte ?

## EN UN ACTE.

**LUBIN** *à Margot.*

Reprends-moi.

*Lubin & Lucas.*

Que je sois ton époux.

*Margot & Fanchon.*

Vous avez fait la loi.

*Lubin & Lucas.*

Je t'en prie à génoux.

*Ils se jettent à genoux.*

**MARGOT** *riant.*

Fanchon ? Ah, ah, ah, ah, ah.

**FANCHON** *riant.*

Margot ? Ah, ah, ah, ah, ah.

**LUCAS.**

Cruelle.

**LUBIN.**

Traitresse,

Pardonne-nous.

**LUCAS.**

Pardonne-nous.

**FANCHON.**

Fileras-tu doux ?

## LES TROQUEURS,

LUCAS.
Je filerai doux.

MARGOT à *Lubin.*
Au logis je serai maitreſſe.

LUBIN.
Maitreſſe.

FANCHON à *Lucas.*
Et tu m'obéiras sans ceſſe.

LUCAS.
Sans ceſſe.

MARGOT.
Fanchon, je me réſous.

FANCHON.
Margot, je me réſous.

LUCAS *ſe relevant.*
Fanchon, quelle allegreſſe!

LUBIN *ſe relevant.*
Margot, quelle allegreſſe!

*Fanchon & Margot.*
Remettez-vous?
*Lubin & Lucas ſe remettent à genoux.*
Quelle triſteſſe!

MARGOT.
Fanchon.

## FANCHON.
Margot.
## MARGOT.
Cédons.
## FANCHON.
Cédons.

*Lubin & Lucas.*
Quelle allégresse !
## MARGOT.
Levez-vous.
## FANCHON.

Nous en ferons ma foi de commodes époux.

*Tous quatre.*
Quelle allégresse !

*On danse.*

---

J'AI lû par ordre de Monseigneur le Chancelier, *Les Troqueurs en un Acte* : Et je crois que l'on peut en permettre l'impression ce 24 Juillet 1753.

Le Privilége & l'Enregistrement.

---

De l'Imprimerie de BALLARD, seul Imprimeur du Roi pour la Musique, rue Saint Jean-de-Beauvais à Sainte Cécile 1753.

www.ingramcontent.com/pod-product-compliance
Lightning Source LLC
Chambersburg PA
CBHW070543050426
42451CB00013B/3149